AF462581

MANUEL DE DICTÉE MUSICALE

sur

200 nouvelles LEÇONS *spéciales et* progressives *de* SOLFÈGES,

faisant suite aux

Solfèges des Enfans,

Adoptés par le Ministre de l'Instruction publique pour les *ÉCOLES NORMALES* et *PRIMAIRES*, les *COLLÈGES ROYAUX* &c.

PAR

ALEXIS DE CARAUDÉ,

Membre des Conservatoires de France, d'Italie et de plusieurs Académies.

A.J.

(Nota). Cet OUVRAGE ÉLÉMENTAIRE *se compose de nombreuses* Séries régulières et complètes *d'* EXERCICES DE LECTURE MUSICALE; *il peut donc aussi* remplacer avantageusement *tous les* SOLFÈGES, *comme* MÉTHODE DE MUSIQUE, *et d'* ENSEIGNEMENT SIMULTANÉ *ou* COLLECTIF.

Œuvre 61. *Prix net 4f.*

À PARIS, chez l'AUTEUR, Professeur de Chant, 6, Rue Neuve des Petits Champs: Passage Colbert.

Chez Mr HACHETTE, Libraire de l'Université, à Paris, et à Alger.

et chez les Mds de Musique de France et des Pays étrangers.

(A.G. 193.)

Imp. Thierry F. cité Bergère Paris

OUVRAGES CLASSIQUES D'ALEXIS DE GARAUDÉ,

Professeur de Chant, membre des Conservatoires de France et d'Italie,

Qui se trouvent chez l'Auteur: 6, Rue des Petits-Champs, passage Colbert, et chez les Mds de Musique.

ÉTUDES COMPLÈTES DE SOLFÈGES.

SOLFÈGES DES ENFANTS, adoptés par le *Ministre de l'Instruction publique* pour les *Collèges* et *les Écoles primaires, normales et communales*, avec *piano* .. 25 »

Les mêmes, in-8º, sans accompagnement (cet ouvrage est écrit dans l'intervalle de 9e, du *Do au Ré*, pour ne point fatiguer la poitrine). Prix net de libr... 2 50

MANUEL DE DICTÉE MUSICALE sur 200 *nouvelles Leçons progressives de* SOLFÈGES; in-8º, op. 61 (faisant suite aux SOLFÈGES DES ENFANS) Prix net .... 4 »

Nouveau COURS ÉLÉMENTAIRE DE MUSIQUE pour les *Classes nombreuses*, en 3 *Séries* et un *Tableau explicatif*, op. 50, Prix net 11 50

(Même adoption du Ministre) N.B. Son usage peut être aussi très utile dans les *Pensionnats* et les *Régiments*. Il se divise ainsi:

1re Série: SOLFÈGES très faciles, à 2 voix, in-8º, (dans l'intervalle de 9me, du *Do au Ré*). Prix net.... 3 »

2e Série: SOLFÈGES progressifs, à 3 voix Pr: net... 3 75

3e Série: 12 CHOEURS MILITAIRES à 3 voix Id 2 50

3e Série *bis*: 12 CHOEURS, à 3 voix, pour les *pensionnats* Prix net 3 50

TABLEAU *explicatif des* PRINCIPES, in-4º (à suspendre dans la classe) .... 1 »

Nouvelle MÉTHODE DE MUSIQUE par ENSEIGNEMENT MUTUEL, pour les *classes nombreuses*, en *Tableaux*, avec 180 *Leçons de Solfèges*, et 40 *Choeurs à plusieurs voix*, op. 62. Prix net .... 12 »

SOLFÈGES avec basse chiffrée, ou *Méthode de* MUSIQUE *adoptée par les Conservatoires*, op. 27, 6e édition.. 45 »

Les mêmes, 1re ou 2e partie (celle-ci est destinée principalement aux élèves qui veulent devenir ARTISTES) chaque .... 25 »

Les mêmes, avec *piano* (1re partie et solfèges de la 2e partie) .... 30 »

Les mêmes, 1re partie, avec accompagnement de *guitare* .... 21 »

80 SOLFÈGES progressifs, à 2 voix égales, avec *piano*, op. 41 .... 30 »

Les mêmes, in-8º, sans accompagnement .... 10 »

SOLFÈGES ou MÉTHODE DE MUSIQUE, pour les voix de BASSE, en clé de *fa*, avec *piano*, op. 46 .... 36 »

ÉTUDES COMPLÈTES DE L'ART DU CHANT.

Nouvelle MÉTHODE DE CHANT, pour voix de *mezzo soprano* (convenant aux jeunes élèves dont la voix ne doit pas être fatiguée par des intonations hautes), avec 150 *exercices pour la voix*, 18 *vocalises élémentaires* et 12 *grandes vocalises* ou *morceaux de chant sans paroles*, de tous les styles, avec *piano*, op. 55.... 25 »

MÉTHODE COMPLÈTE DE CHANT, op. 40, 2e édition approuvée par l'Institut, avec *piano* .... 50 »

Le même, la 1re partie seule, ou la 2e et 3e réunies.. 30 »

MÉTHODE DE CHANT (*en clef de fa*), composée spécialement pour les voix de *basse baryton* ou *contralto*, avec accompagnement de *piano*, op. 53. Cette MÉTHODE, ainsi que les précédentes, a été approuvée par l'Institut de France .... 25 »

52 ÉTUDES ou EXERCICES de PRONONCIATION et d'ARTICULATION dans le *chant français* (2 morceaux sur l'étude de chaque voyelle ou consonne, sous la forme d'*airs, cavatines, récitatifs, romances*), avec *piano*, op. 52 .... 20 »

24 VOCALISES ou *Études de l'art du chant*, composées pour les examens et concours du Conservatoire, avec *piano*, op. 42

1re Livraison, pour voix de *soprano* ou de *ténor* 18 »

2e Livraison, pour voix de *basse* ou de *contralto*.. 18 »

GRANDES VOCALISES pour *soprano* ou *ténor*, ou *Études caractéristiques de l'art du chant*, sous la forme *d'airs, cavatines, rondo*, etc., avec *piano* .... 18 »

3 Nouveaux AIRS *Français* (*de Concert*) avec *piano* op. 59. chaque .... 6 »

3 DUETTI BUFFI per *soprano* e *basso*, pour les *Soirées Musicales* op. 56, chaque 6f, en recueil ...... 15 »

AUTRES MÉTHODES, MESSES, MUSIQUE INSTRUMENTALE, ETC.

L'HARMONIE RENDUE FACILE ou *Théorie pratique* de cette science, et d'accompagnement de la *Basse chiffrée* et de la *Partition*, rédigée de manière à pouvoir *étudier seul*, au moyen de *leçons* à faire sur chaque accord de la 1re partie. On consultera ensuite le *corrigé* de ces leçons qui se trouve dans la 2e partie, op. 44 à 30f. — MÉTHODE COMPLÈTE DE PIANO (140 pages), avec 316 *exercices*, 72 jolies leçons faciles, tirées des opéras italiens, 48 *préludes*, 12 *études* (le tout doigté), et une *Méthode pour accorder le piano*, op. 45. 2e édition, à 21f. — La même, 1re et 2e *parties* à 12f. — 12 SONATES *très faciles* et doigtées. pour la première année de leçons de piano, 4 livr. à 7f 50c. — SONATES non difficiles, à 4 mains 15f. — 6 MORCEAUX *faciles* pour l'HARMONIUM ou *orgue expressif*, op. 51. 9f. — Petite MÉTHODE DE VIOLON, à 9f. — MÉTHODE d'ALTO, à 5f. — 1re MESSE SOLENNELLE à trois voix (*Soprane, Contralto, Basse,*) avec *orgue* ou *piano*, op. 43, dediée à L. CHERUBINI. 15f. — Parties d'orchestre 18f. — 2e MESSE à 3 voix (*Soprane Ténor et Basse*) dédiée à ROSSINI, op 47 à 25f. Parties de chant, 10f. Parties d'orchestre, 25f. — 3 QUINTETTES pour 2 violons, alto, 2 violoncelles, 15f. — QUATUORS, TRIOS, DUOS, pour divers instruments (voir le catalogue). — 3 CANTATES à 3 voix. avec choeurs, pour les distributions de prix des Pensionnats, chaque 7f 50c. — *Quel ruscelletto*, cavatine pour soprane, 3f 50c. — *La Romance et la Chansonnette*, 2f.

ALBERT GARAUDÉ. 3 grands TRIOS pour *piano*, *violon* et *violoncelle*, chaque 10f. — Do *La Placida Marina* — *Aure amiche*, nocturnes à 2 voix. 4f. — *Robin Gray* — *Désir champêtre* — *Si c'était lui!* — *Le rêve dans la barque* — *La Thébaïde*, ROMANCES à 2f. *Le Prix du sang* — *La nuit de Noël*, à 6f.

MANUEL
DE
DICTÉE MUSICALE

Sur 200 Nouvelles LEÇONS PROGRESSIVES DE SOLFÈGES,
Faisant *Suite* à ses SOLFÈGES DES ENFANS
et à ses divers Ouvrages relatifs à la LECTURE MUSICALE,
Par
ALEXIS DE GARAUDÉ.
Op: 61.

AVIS PRÉLIMINAIRE.

Tous les bons Professeurs savent combien il est utile que les élèves puissent *écrire la Musique sous la dictée,* et beaucoup même dirigent une telle étude en employant diverses manières qui réussissent plus ou moins. Cependant, on conviendra qu'un ouvrage élémentaire, *composé spécialement* pour mieux atteindre ce but essentiel de l'éducation Musicale, remplira plus avantageusement cette lacune qui existait dans l'enseignement.

Le succès de mes nombreux ouvrages, comme MÉTHODES DE MUSIQUE ou SOLFÈGES me fait espérer que MM. les professeurs accueilleront celui-ci avec la même bienveillance. J'ai fait mon possible pour le rendre extrêmement clair et progressif, de manière à ce que ce MANUEL offrit une grande facilité à bien *connaitre et apprécier successivement* toute espèce *de rythmes ou valeurs de notes ou de silences*, ainsi que *d intonations à tous les intervalles*; car ces deux seuls articles résument tout ce qu'on peut apprendre de ce genre.

Outre que ce MANUEL deviendra un excellent perfectionnement des *Etudes de Solfèges* qu'on aurait déjà faites, on pourrait même s'en servir utilement *pour commencer ce genre d'études*, à l'aide du TABLEAU EXPLICATIF DES PRINCIPES qui le précède, ou bien l'enseigner comme *suite* des SOLFÈGES DES ENFANS, *in* 8º.

Ce Tableau explicatif, quoique concis, est très suffisant pour l'enseignement, et je ne puis que blâmer les maîtres qui d'abord font impitoyablement apprendre par cœur 40 pages, de Principes diffus par demandes et réponses, aux jeunes élèves, qui alors n'en conçoivent pas un mot!... Il est au mois inutile d'être si verbeux pour le petit nombre de préceptes des SOLFÈGES; ils ne doivent s'apprendre qu au fur et à mesure que tel ou tel doit être mis en pratique. Ce tableau ne doit donc être employé que chaque fois qu'il faudra en faire l'application aux divers Nºs des Leçons élémentaires, destinées à immiscer graduellement les élèves à chaque nouvelle partie de l'enseignement de la lecture ou de la Dictée Musicale.

Cet ouvrage pourrait donc aussi être considéré comme de ***nouveaux*** SOLFÈGES, dont le plan est à peu près conforme, quoique ***amélioré,*** de mon œuvre 27; mais dont toutes les ***Leçons*** ou ***N.os sont toutes d'une composition nouvelle,*** et ne se trouvent dans aucun ***de mes ouvrages précédens.***

Cependant, le but primitif de ce **MANUEL** étant la ***Dictée Musicale,*** je n'ai point dû écrire des ***Basses*** ou ***Accompagnemens*** à ces 200 Leçons. D'ailleurs, il y a peu de Professeurs qui ne soient capables d'en improviser, s'ils voulaient employer cet ouvrage comme **MÉTHODE ÉLÉMENTAIRE DE MUSIQUE**.

Ecrire une phrase musicale, sous la dictée, ou de mémoire ou bien d'après sa propre inspiration, ce n'est que ***l'appréciation très exacte de l'intonation des divers intervalles, ainsi que du Rythme. ou valeur des notes et des silences.*** Ce genre d'étude doit donc être généralement précédé par celle des SOLFÈGES ou ***Lecture musicale,*** du moins à un certain dégré.

Ainsi, lorsque les élèves seront arrivés à peu près, à la moitié de l'un des ouvrages que j'ai composés pour cette partie élémentaire de l'art si essentielle à ne point négliger, il sera très utile d'y adjoindre ce **MANUEL DE DICTÉE**, en y mélangeant la continuation des études de SOLFÈGES. Son usage deviendra une excellente récapitulation de tout ce que les élèves auront appris précédemment, et ceux-ci se trouveront forcés de réfléchir avec plus d'application à tout ce qui concerne le Rythme et l'intonation.

Chacune des Leçons suivantes pourrait être vocalisée par le Professeur; mais il sera bien moins fatiguant de les jouer sur un instrument à cordes, ou à vent, ou sur un Orgue Harmonium, de préférence au Piano, qui a peut-être l'inconvénient de ne pouvoir soutenir le son des Rondes, Blanches et autres valeurs longues, dont il deviendrait plus difficile de distinguer la durée.

Dans les premiers mois de leçons de ***Dictée Musicale,*** le Professeur devra indiquer ***dans quel genre de mesure*** la leçon doit être écrite. Plus tard, il se contentera d'en faire entendre les quatre premieres mesures; et, sur cette audition, l'élève devra reconnaître et nommer la mesure convenable.

Quant au ***ton de la leçon,*** l'élève devra aussi lui même en chercher l'intonation; le Professeur fera seulement entendre le ***la*** du Diapason, et l'élève calculera l'intervalle qui existera entre ce ***la*** et la tonique du ton majeur ou mineur indiqué à la clef.

La leçon de ***Dictée Musicale*** se donnera successivement sur tous les N.os suivans, ***en en expliquant le titre et le sujet.*** Le Professeur fera entendre séparément *chaque mesure* ou *chaque petite phrase;* lorsque l'élève l'aura écrite, il continuera à faire entendre *la mesure ou Phrase suivante, mais toujours en répétant les dernières notes précédentes,* afin que l'élève puisse bien apprécier l'intervalle qui existe avec cette nouvelle Dictée. Dans les commencemens surtout, le Professeur ne devra pas attendre la fin d'une leçon pour corriger les fautes qu'on aurait pu faire en écrivant. Il est d'ailleurs entendu que ces corrections doivent être faites avec clarté, et de maniere à bien développer l'intelligence des élèves par d'utiles observations sur les *phrases musicales, l'analogie qu'elles ont quelquefois entr'elles:* ce qui produit beaucoup *d'imitations de Mélodie ou réponses,* dont la suite de cet ouvrage offrira de fréquens exemples spéciaux: ce qui n'a jamais été composé comme, SOLFÈGES.

Chaque Leçon étant écrite et corrigée, on la fera solfier en chœur. Alors, les élèves ne devront être guidés par aucun instrument, et le Professeur devra seulement battre la mesure et rectifier les fautes de valeurs et d'intonations. On doit toujours faire *solfier à demi-voix,* mais en émettant le son avec pureté et sans aucun effet désagréable.

Les deux seules difficultés de la *Dictée Musicale* consistant donc dans la différence des *valeurs* ou *Rythme* et celle des *intonations* ou *intervalles* d'une note à une autre, cette première différence doit être préalablement bien connue et appréciée par l'élève. Il sera donc important, avant chaque Leçon sur de nouvelles valeurs ou de nouvelles Mesures encore inconnues par lui, de dicter L'EXERCICE RYTHMIQUE sur une seule note qui les précède, en nommant simplement le nom de la valeur, (*Ronde, Blanche, Pause* &) et en battant la mesure, sans en indiquer les barres. L'élève écrira cette dictée, au fur et à mesure, selon les figures de notes et de Silences; puis, étant terminée, il placera lui-même toutes les barres de mesure pour la rendre régulière. Cette dictée étant corrigée, les élèves pourront la solfier en battant la mesure eux mêmes, en nommant la note d'une seule intonation, et en nommant un ou plusieurs silences en comptant, *une deux,* &, selon leur nombre et leur valeur.

Cet utile EXERCICE devra se faire de la même manière, toutes les fois qu'il se représentera dans cet ouvrage: *étant un indice des valeurs ou rythme* des Leçons suivantes.

Quant aux *intervalles*, l'élève doit distinguer: 1º Si la note suivante est la même que la précédente? alors, l'intonation ne change point; 2º Si cette seconde note est plus haute ou plus basse? Dans ce cas, il faut en apprécier l'intervalle en étudiant le Tableau ci-dessous; 3º Lorsque les notes se suivent dans l'ordre naturel de la Gammes, leur lecture est encore plus facile.

Les intervalles peuvent être *naturels*, c'est qu'ils restent tels qu'ils se trouvent dans la *Gamme Diatonique*, sans être altérés par des *Dièzes* ou des *Bémols* étrangers au ton. Les intervalles altérés (dont on ne parlera que plus tard) sont ceux où le Compositeur y introduit des Dièzes ou Bémols autres que ceux qui sont à la clef.

TABLEAU DES INTERVALLES NATURELS.

Le premier et le plus facile de tous les intervalles est celui de *Seconde*, qui est continuellement employé dans une *Gamme Diatonique*, en montant et en descendant. On sait que la Seconde, dans cette Gamme, est toujours *majeure*, c'est à dire, *composée d'un ton*, excepté *de la* 3me *à la* 4me *note*, et *de la* 7me *à la* 8me où la seconde est *mineure*, c'est à dire, composée d'un demi-ton.

GAMME MAJEURE *Diatonique*,

en BONDES et PAUSES, qui valent quatre tems. (1)

Ton de DO majeur.

(1) Voyez, 1re Colonne du *Tableau explicatif*: DES VALEURS DE NOTES ET DE SILENCES.

(2) Voyez, 2e Colonne du meme *Tableau*: DE LA MESURE.

Nº 4.
Il faut une Noire pour chaque tems.
Nº 5.
Nº 6.
Intervalle de TIERCE.
(2 tons.)
3e Majeure. 2 tons.
3e Mineure. 1 ton et demi
Nº 7.
3e Mineure.
3e Mineure.
3e Mineure.
Nº 8.

(1) La respiration est une espèce de *Ponctuation musicale* qu'on indique par une ,

Intervalle de QUARTE.

(2 tons et demi.)

N°. 15.

N°. 16.

Intervalle de QUINTE.
(3 Tons et demi.)

N°. 17.

Quinte diminuée.

Mesure à DEUX TEMS.

EXERCICE RYTHMIQUE sur les N.os 17 à 40. (mêmes valeurs que dans la mesure à **QUATRE TEMS**; mais elle se bat seulement avec le tems frappé, et le tems levé.

Une Blanche ou deux Noires pour chaque tems.

Sixte mineure.
3 Tons et 2 demi-tons
Nº 23.
Nº 24.
Nº 25.
Nº 26.

Intervalle de SEPTIÉME
(5 Tons et demi)
7e Mineure.
4 Tons et 2 demi-tons.
No. 27.
No. 28.
No. 29.
Intervalle d'OCTAVE
(5 Tons et 2 demi-tons)
No. 30.

N° 31.
Intervalle de NEUVIÉME.
(6 Tons et 2 demi-tons.)
N° 32.
9e mineure. 5 Tons et 3 demi-tons.
N° 33.
N° 34.

Intervalle de DIXIÈME
(7 Tons et 2 demi-tons.)

RÉCAPITULATION de tous les INTERVALLES NATURELS qui précèdent.

Toutes les Leçons précédentes concernent principalement *l'intonation des Intervalles naturels*; mais, même avant de parler des *Intervalles alterés*, on doit faire connaître ici le premier *Dièze* et le premier *Bécarre*, qu'on a été forcé d'employer dans les Leçons Nº 41 à 52. (1)

(1) Voyez 2de Colonne du *Tableau explicatif:* DES DIÈZES.

Leçons pour se familiariser avec le premier *Dièze* et le premier *Bécarre*.

N° 38.

N° 39.

Les Leçons suivantes ont pour but spécial *le mélange progressif des principales valeurs* de notes et de silences, dans les mesures à **QUATRE TEMS** et à **DEUX TEMS**.

EXERCICE RYTHMIQUE

des N°s 40 à 54.

GAMME et ACCORD PARFAIT de DO majeur.

Valeur de RONDES, BLANCHES, NOIRES, CROCHES et leurs *Silences*.

Deux Croches pour chaque tems.

Nº 45.
Nº 46.
Nº 47.

N°. 48.
N°. 49.
N°. 50.
Inverse de la 1re Reprise.

IMITATIONS DE MÉLODIE.

A la page 3 de cet ouvrage, j'ai engagé les Professeurs à saisir les occasions de faire remarquer aux élèves les *imitations de Mélodie* ou les espèces de *réponses* à la mesure ou phrases précédentes. Cette attention augmentera les facilités de la Lecture musicale, en se familiarisant avec ces sortes de *phrases imitatives* qu'on pourrait presque deviner d'avance, et qui se rencontrent frequemment dans toute espèce de Musique. La Leçon suivante, et celles du même genre sont composées de manière à devenir une utile introduction à l'habitude de reconnaître, comme Valeurs et comme Intervalles, de telles phrases dont la seconde mesure est toujours une réponse de la premiere.

Quand la mesure portera la double indication C ou 2 on pourra la battre alternativement des deux manières: la valeur en étant la même.

IMITATIONS DE MÉLODIE
sur les valeurs précédentes.

N° 51.

RÉCAPITULATION DE VALEURS, depuis le N° 40.

N° 52.

DES INTERVALLES ALTÉRÉS.

Les 52 Leçons précédentes ont toujours été écrites dans le ton de *Do* majeur, et sans altération des intervalles qui composent cette Gamme, excepté cependant le premier Dièze *Fa* qui était nécessaire à employer pour amener le ton de *Sol* majeur, à la fin des premières reprises.

Chaque note peut être aussi *Dièzée* ou *Bemolisée*. L'intonation de cette note étant alors *haussée* ou *baissée* d'un demi-ton, ces intervalles sont *altérés*, puisqu'ils introduisent une différence dans l'ordre naturel de la Gamme. Ces altérations ont deux buts: l'un de *moduler*, en passant dans un autre ton que celui de la Clef; l'autre, sans moduler les fait considérer comme *passagères*, comme *petites notes de goût*, dites *appoggiatures*.

TABLEAU DE TOUS LES INTERVALLES NATURELS ET ALTÉRÉS.

Intervalles de SECONDE.	2de Mineure.	2de Majeure.	2de Augmentée.
	Un demi-ton.	Un ton.	Un ton et demi.
Intervalles de TIERCE.	3ce Diminuée.	3ce Mineure.	3ce Majeure.
	2 demi-tons.	Un ton et demi.	2 tons.

Intervalles			
Intervalles de QUARTE.	4te Diminuée. 1 ton et 2 demi-tons.	4te Juste. 2 tons et demi.	4te Augmentée. 3 tons.
Intervalles de QUINTE.	5te Diminuée. 2 tons et 2 demi-tons.	5te Juste. 3 tons et 1 demi-ton.	5te Augmentée. 3 tons et 2 demi-tons.
Intervalles de SIXTE.	6te Mineure. 3 tons et 2 demi-tons.	6te Majeure. 4 tons et 1 demi ton.	6te Augmentée. 4 tons et 2 demi-tons.
Intervalles de SEPTIÈME.	7e Diminuée. 3 tons et 3 demi-tons.	7e Mineure. 4 tons et 2 demi-tons.	7e Majeure. 5 tons et demi.
Intervalles d'OCTAVE.	8^ve^ Juste. 5 tons et 2 demi-tons.	8^ve^ Augmentée. (il s'emploie rarement.) 5 tons et 3 demi tons	
Intervalles de NEUVIÈME.	9e Mineure. 5 tons et 3 demi-tons.	9e Majeure. 6 tons et 2 demi-tons.	9e Augmentée. (s'emploie très rarement.) 6 tons et 3 demi-tons.
Intervalles de DIXIÈME.	10e Mineure. 6 tons et 3 demi-tons.	10e Majeure. 7 tons et 2 demi-tons.	

Après avoir lû et expliqué aux élèves ce qui conserne ce Tableau, il sera bien de les exercer sur chaque espèce d'Intervalle altéré, en leur faisant bien comprendre la différence *orale* et *matérielle* qui resulte du nombre de leurs tons et demi-tons. La juste intonation des intervalles est l'une des difficultés les plus importantes à vaincre. Il est donc utile que, pendant un certain temps, le Professeur consacre quelques instants du commencement de la Leçon à faire entendre aux élèves tel ou tel intervalle de ce Tableau, afin que, sans l'écrire, ils puissent reconnaître et nommer cet intervalle, dire le nombre de tons et demi-tons qui le composent, et en chanter l'intonation.

On dictera ensuite les N.ºs 53 et 54.

INTERVALLES ALTÉRÉS
Par les *Dièzes.*

N° 53.

INTERVALLES ALTÉRÉS
Par les *Bémols.*

N° 54.

DES MODES.

Toute phrase musicale peut devenir une *Mélodie* différente, selon qu'on la fait entendre dans le *Mode majeur* ou dans le *Mode mineur*. Dans le premier, la *Tierce* et la *Sixte* sont toujours *majeures*; dans le second, cette *Tierce* et cette *Sixte* sont toujours *mineures*, excepté dans la *Gamme mineure*, où l'Ecole Italienne est convenue d'en rendre la *Sixte majeure*, afin d'éviter l'intervalle de *Seconde augmentée*, qui est dur à l'oreille et difficile à entonner.

La *Gamme mineure*, dans tous les tons, conserve les mêmes intervalles que dans la Gamme en *Do* majeur du N.° 1, page 4

La *Gamme mineure*, dans tous les tons, conserve les mêmes intervalles que dans la Gamme en *La* mineur, qui suit.

Gamme et accord parfait du ton de *LA* mineur, ton relatif de *DO* majeur.

EXERCICE RYTHMIQUE du N.° 56 à

(1) Dans ces diverses Leçons, on fera l'une ou l'autre de ces doubles notes selon l'étendue de sa voix.

SYNCOPES DE RONDES ET DE BLANCHES. (1)

(1) Voyez 3e Colonne du *Tableau* [illegible] des SYNCOPES.

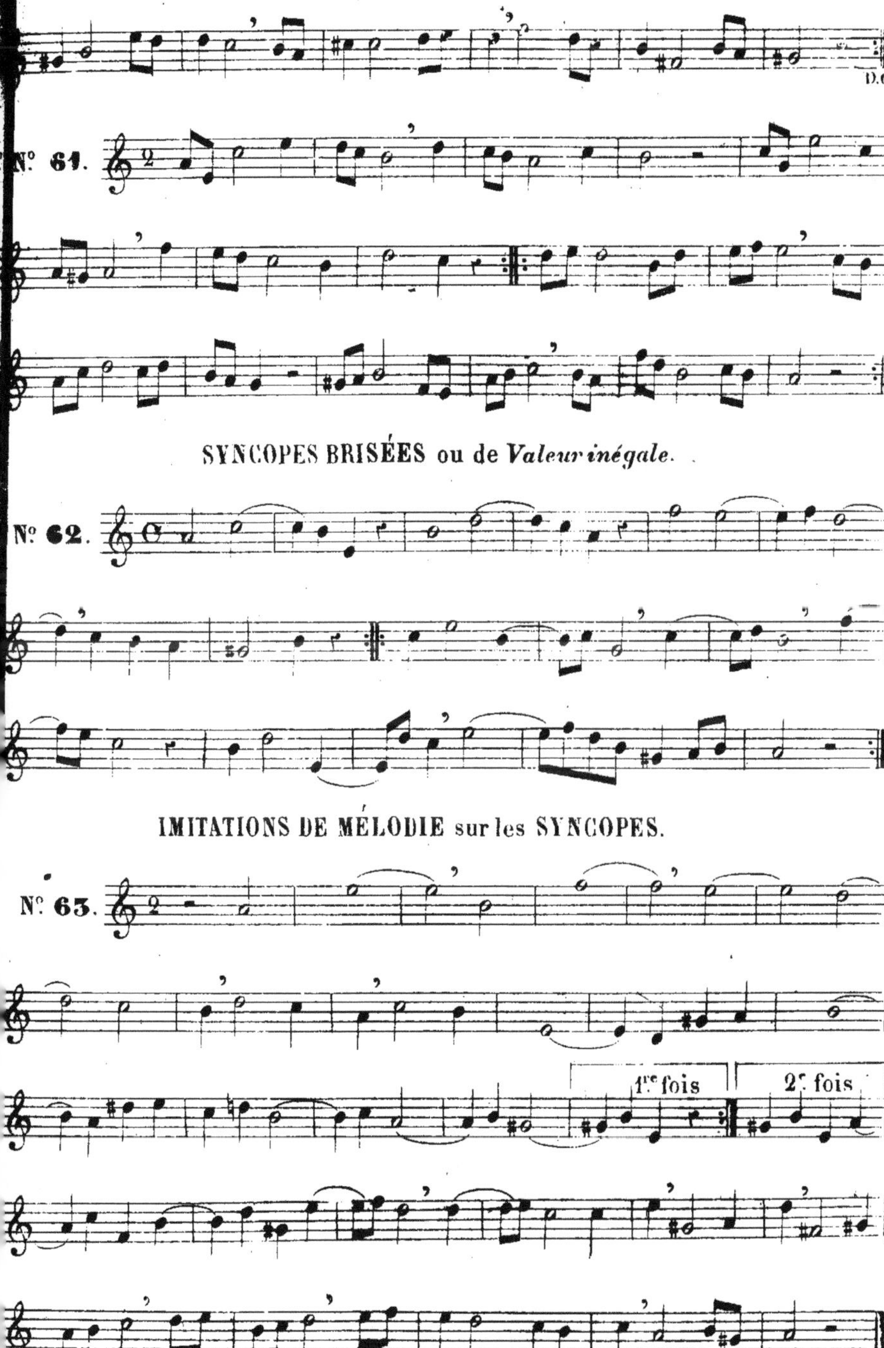

SYNCOPES BRISÉES ou de *Valeur inégale.*

IMITATIONS DE MÉLODIE sur les SYNCOPES.

RÉCAPITULATION DES SYNCOPES, depuis le N.º 56.

N.º 64.

MESURE A DEUX QUATRE.

Elle se bat comme la Mesure à DEUX TEMS; mais ses valeurs sont moindres de moitié. Elle contient deux quarts de la Ronde c'est à dire deux Noires.

EXERCICE RYTHMIQUE, du N.º 65 à 68.

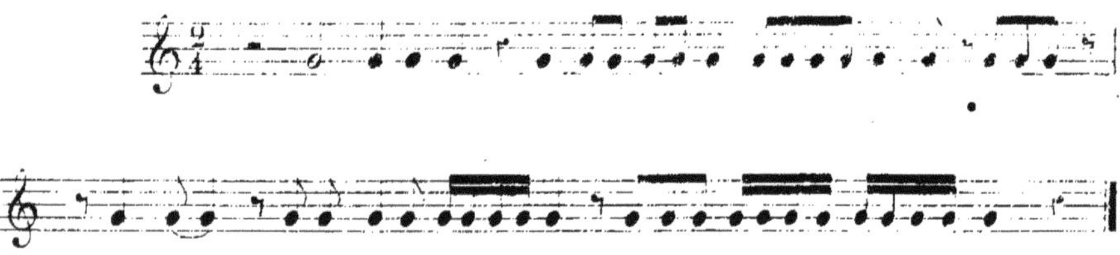

Une Blanche pour deux tems; une Noire ou deux Croches pour un tems.

N.º 65.

GAMME ET ACCORD PARFAIT
du ton de SOL Majeur.[1]

(1) Pour reconnaître le ton d'un morceau de Musique, voyez 5e colonne du Tableau explicatif DU TON D'UN MORCEAU

(1) Voyez, 2e colonne du *Tableau explicatif:* DU POINT D'ACCROISSEMENT.

Nº 72.
Nº 73.
Nº 74.

Nº 75.
Nº 76.
Nº 77.
Nº 78.

IMITATIONS DE MÉLODIE sur les NOTES POINTÉES.

RÉCAPITULATION DES NOTES POINTÉES.

GAMME ET ACCORD PARFAIT de MI mineur, ton relatif de SOL majeur.

Voyez, 5e colonne du *Tableau explicatif:* DES MOUVEMENS.

All.º Mouv.t de PAS REDOUBLÉ

N.º 84.

f

fin

p

f

Andante

N.º 85.

dol.

f

dol.

Mouv.t de CONTREDANSE.

N° 86.

(1)

Mineur

IMITATIONS DE MÉLODIE dans la MESURE A DEUX QUATRE.

N° 87.

(1) Après avoir solfié une 2.de fois ce motif, comme premier *Dacapo*, on doit passer au *Mineur*.

SILENCES.

EXERCICE RYTHMIQUE du N° 88 à 95.

Allegro

N° 88.

N° 89.

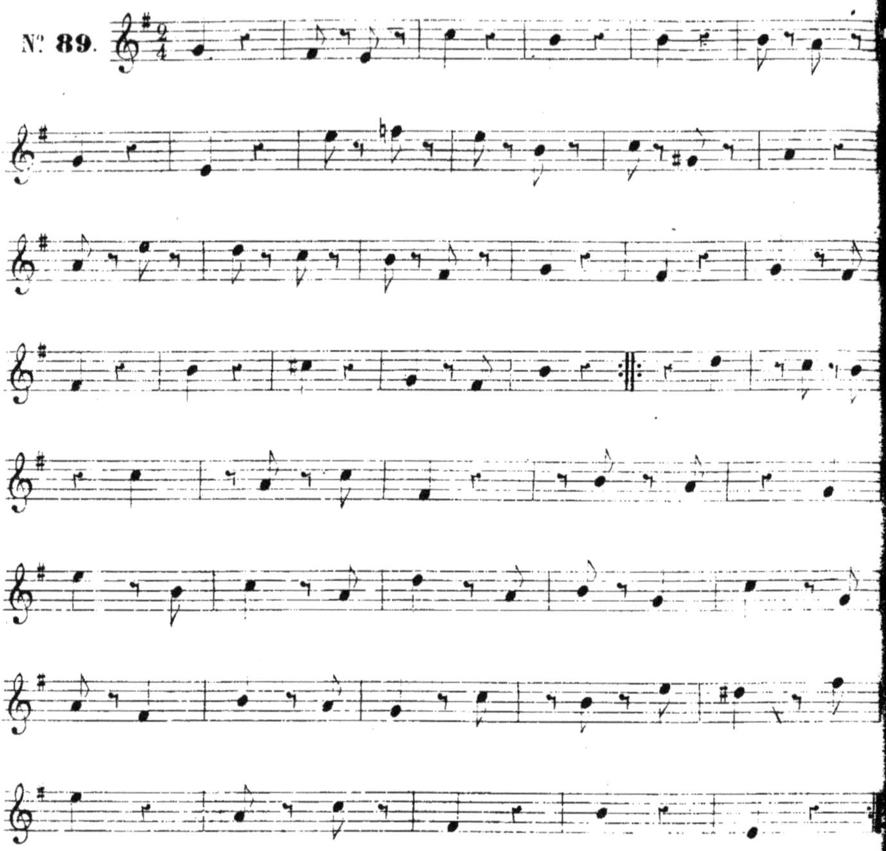

GAMME ET ACCORD PARFAIT de FA Majeur.

Allegro.

N° 90.

Allegretto.

N° 91.

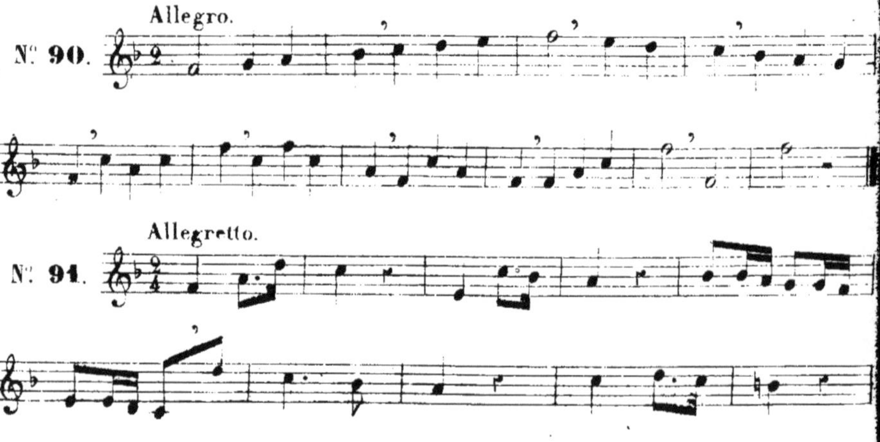

Allº Moderato.
Nº 92.
Allº Moderato.
Nº 93.

IMITATIONS DE MÉLODIE pour les Valeurs de SILENCES.

N° 94.

RÉCAPITULATION DES SILENCES, depuis le N° 88.

N° 95.

EXERCICE RYTHMIQUE du N° 96 à 110.

Des notes DOUBLES POINTÉES et de l'ENJAMBEMENT DU POINT.

N° 96. All° moderato

GAMME ET ACCORD PARFAIT de RÉ Mineur,

ton relatif de FA majeur.

MARCHE FUNÈBRE

IMITATIONS DE MÉLODIE sur les TRIOLETS DE NOIRES.

(*Nota*) Les élèves étant arrivés à ce Nº de Leçon, il sera utile de les exercer à comprendre les NUANCES et à les écrire. (1)

(1) Quoique les NUANCES D'EXPRESSION appartiennent plutôt à l'étude de mes diverses MÉTHODES DE CHANT et VOCALISES, cependant il est utile d'accoutumer de bonne heure les élèves à voir autre chose *que des Notes* dans l'étude de la Musique, laquelle est une sorte de *langage des passions*, qui s'expriment par des *Nuances* ou *renforcement* ou *affaiblissement de son*. Peu à peu, l'élève discernera quelle application il faut en faire.

Nº 101.

Agitato.
Nº 102.
cresc.
Moderato.
Nº 103.
ou
Moderato.
Nº 104.

Différence des TRIOLETS avec les *Noires* ou *Croches simples*.

Nº 105. Andante.

Allegretto.

IMITATIONS DE MÉLODIE sur les TRIOLETS.

Moderato.

Nº 106.

cres:

RÉCAPITULATION DES TRIOLETS, depuis le Nº 99.

Tempo di marcia.
Nº 108.
f
p
f
Mouvt de CONTREDANSE.
Nº 109.
mez
f
Fin.
Mineur.
D.C.
p
D.C.
GAMME et ACCORD PARFAIT de RÉ Majeur.
Allegro.
Nº 110.

Pour faire connaitre aux élèves la Mesure à **SIX HUIT** on fera écrire dans cette mesure le N° 111 précèdent, sur la même dictée, en leur faisant cependant remarquer que cette valeur de la mesure $\frac{2}{4}$ a un rythme un peu différent que cette valeur de la mesure à $\frac{6}{8}$ à cette exception près, la dictée orale est la même pour ces deux mesures, comme on le verra par le N° 115.

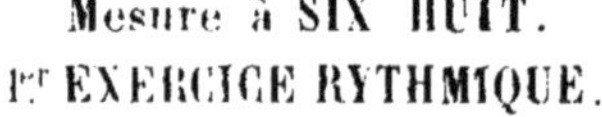

Mesure à SIX HUIT.

1er EXERCICE RYTHMIQUE.

Allegro.
Nº 113.
p
f
Allº Moderato.
Nº 114.
p
Nº 115.
f
Inverse de la 1re Reprise.
Allegretto.
Nº 116.
p
f
Inverse de la 1re Reprise.

Allegro.
Nº 117.
f
Inverse de la 1re Reprise.
Allº Mouvt de PAS REDOUBLÉ.
Nº 118.
f
p
cresc.
f
Mouvt de CONTREDANSE.
Nº 119.
f
Fin.
p
f

1re IMITATION DE MÉLODIE dans la Mesure à SIX HUIT.
Allegro.
No. 120.
p
f
p
2de IMITATION DE MÉLODIE dans la Mesure à SIX HUIT.
Allegro.
No. 121.
f
p
f
p

1re RÉCAPITULATION de la Mesure à SIX HUIT, depuis le No 112.
All.o Moderato.
No 122.
p
f
2d EXERCICE RYTMIQUE sur la Mesure à SIX HUIT.
GAMME ET ACCORD PARFAIT de SI mineur, ton relatif de RÉ Majeur.
Andante.
No 123.
Allegro.
No 124.

Siciliano.
Nº 125.
Moderato.
Nº 126.
1ª.
2ª.

Allegretto.
Nº 127.
Allegro.
Nº 128.

3.me IMITATION DE MÉLODIE dans la Mesure à SIX HUIT.

2de RÉCAPITULATION de la MESURE A SIX HUIT.

Moderato.

N° 130.

MESURE A TROIS TEMS ou TROIS QUATRE

EXERCICE RYTMIQUE du N°. 127 a 136 sur la MESURE A TROIS TEMS.

GAMME ET ACCORD PARFAIT du ton de SI ♭ Majeur.

N°. 132. Allegro.

N°. 133. 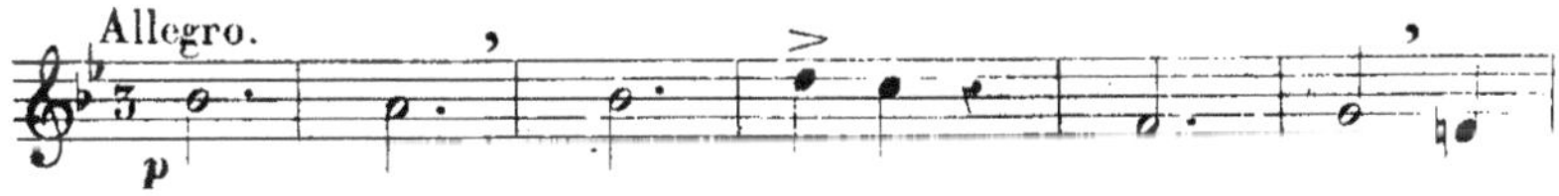 Allegro. *p*

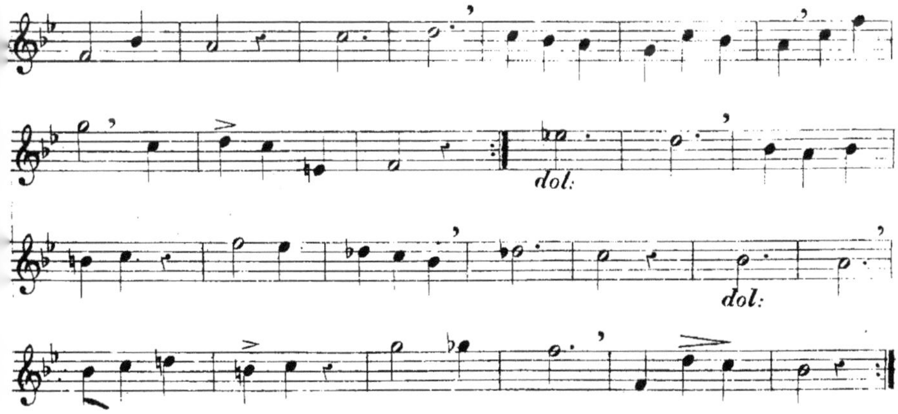

dol:

dol:

N°. 134. Allegro.

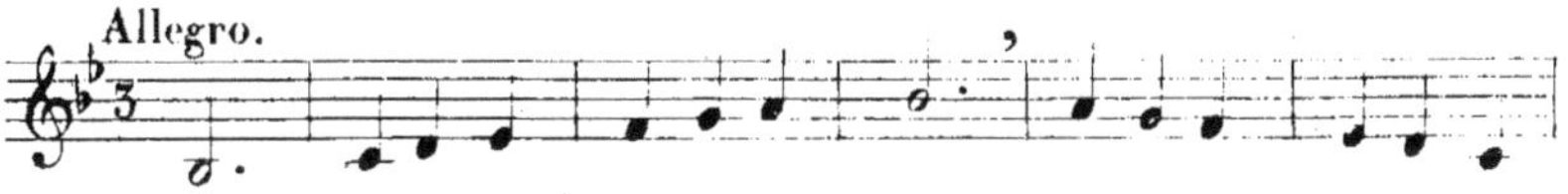

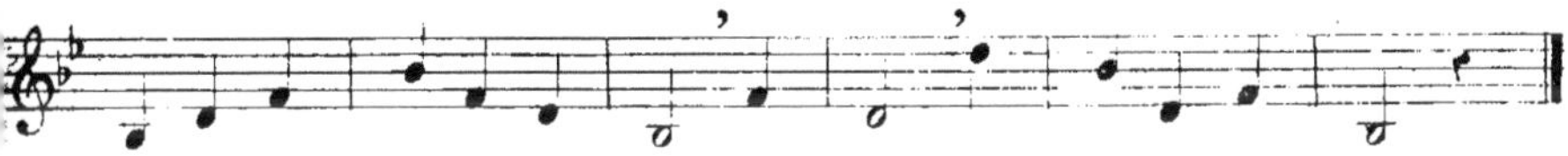

dol:

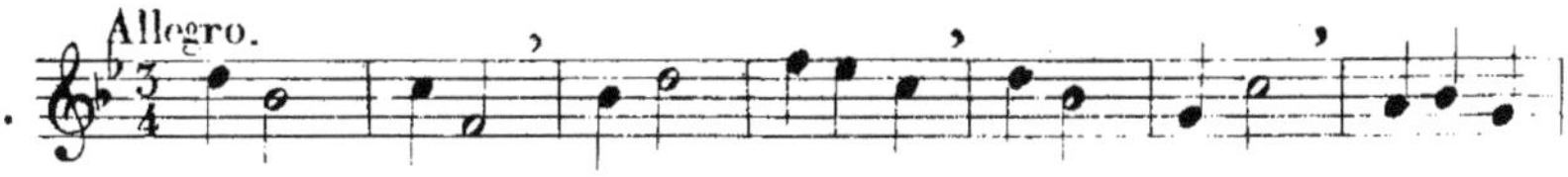

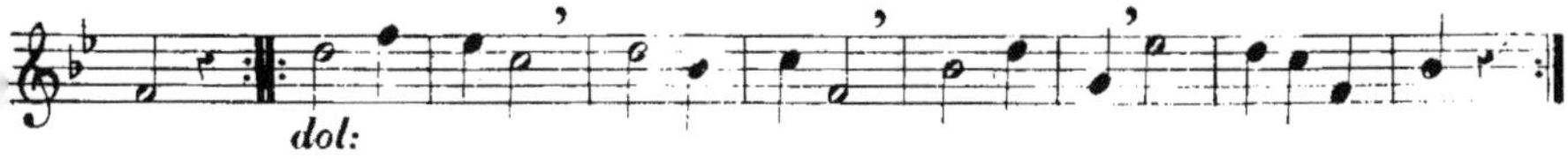

Allegro.
Nº 135.
p
Fin.
f
Moderato.
Nº 136.
dol:
f
p
dol:
Andante.
Nº 137.
dol:
f

cres.
p
Mouvt de VALSE.
Nº 138.
f
p
f
p
f
p
All°
Nº 139.
p

Mouvt de VALSE.
No. 140.
dol.
dol:
Tempo di Minuetto.
No. 141.
f
p
f
p
f
p
f
IMITATIONS DE MÉLODIES sur la Mesure à TROIS TEMS.
Allegro.
No. 142.
p

RÉCAPITULATION de la Mesure à TROIS TEMS, depuis le N° 132.

GAMME et ACCORD PARFAIT

du ton de SOL Mineur, *ton relatif* de SI ♭ Majeur.

N° 145.

2d EXERCICE RYTHMIQUE,

du N° 146 à 156 sur la MESURE A TROIS TEMS.

3 3 3 3

Mouvt de VALSE.

N° 146.

f 1 f

p

f

Majeur.

dol: p

f p

f
p
Mineur
f
pp
f
p
f
Andante.
Nº 147.
mezf
p
f
p
Moderato.
Nº 148.
f
p
f

Allegro.
Nº. 149.
mez f
p
f
GAMME et ACCORD PARAIT de LA majeur.
Andante.
Nº. 150.
Allº Moderato.
Nº. 151.
p
Inverse de la 1re Reprise.
f
Allº Scherzando.
Nº. 152.
p

(1) Voyez *Tableau explicatif* 3e Colonne du DOUBLE DIÈZE.

IMITATIONS DE MÉLODIES dans la Mesure à TROIS TEMS.

Andantino.

N° 155.

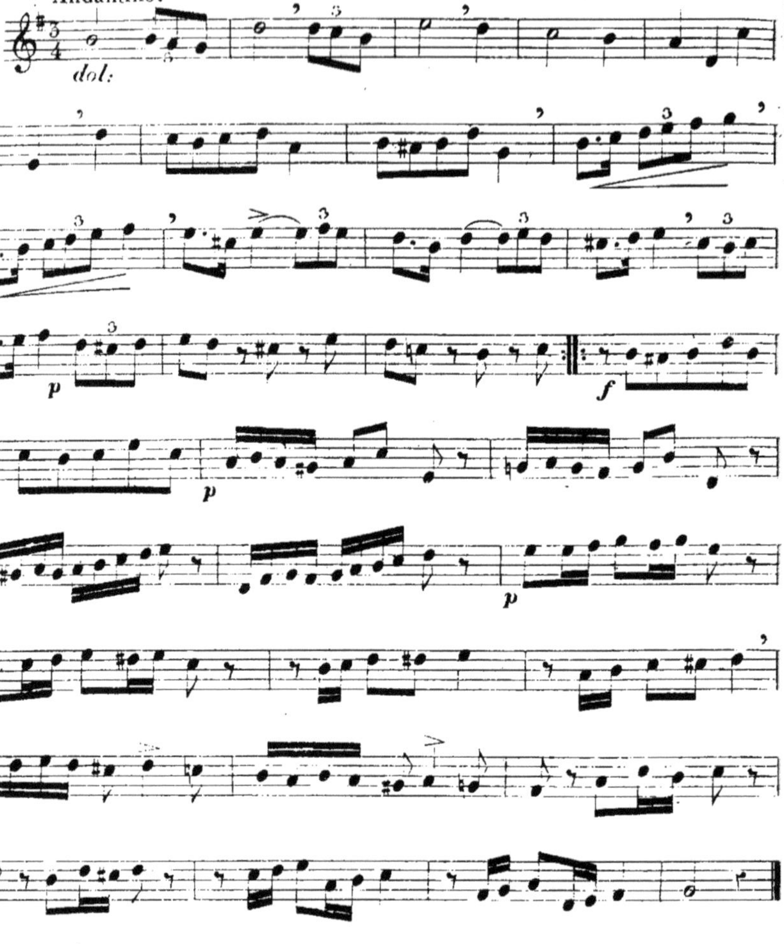

dol:

p *f* *p* *f* *p*

2de RECAPITULATION de la Mesure à TROIS TEMS.

MESURE A TROIS HUIT.

Ses valeurs sont de moitié moindres que celles de la Mesure à TROIS TEMS, et elle peut se battre comme cette derniere lorsque le mouvement est lent. Dans les mouvemens vifs, on bat seulement le premier tems ou *frapper de la mesure.*

GAMME ET ACCORD PARFAIT

All° du ton de FA ♯ Mineur, *ton relatif* de LA Majeur.

Nº 159. Allegretto.

dol: *f* *dol:* *p* *p* *p* *p* *fz*

Nº 160. Andantino.

f *p* *pp* *f* *p* *p* *f* *p* *p* *f*

Mouvt de VALSE.
No. 162.
IMITATIONS DE MÉLODIE, dans la Mesure à TROIS HUIT.
Moderato.
No. 163.
p

RÉCAPITULATION de la Mesure à TROIS HUIT, depuis le N° 152.

N° 164.

GAMME ET ACCORD PARFAIT, du ton de MI ♭ Majeur.

N° 165.

N° 166.

Des NOTES D'AGRÉMENT ou NOTES DE GOÛT.

Quoique ajoutées aux valeurs ordinaires de la mesure, elles n'en font jamais partie. Au lieu de les nommer en solfiant, il faut en chanter l'intonation par le nom de la grosse note qui les suit. En voici les principales espèces et leur effet réel.

Pour ce qui concerne la dictée des *notes d'agrément*, il suffira que le Professeur explique bien aux élèves l'exemple suivant, et leur adresse des questions sur la manière de les écrire et sur leur effet si elles étaient écrites en notes réelles; ensuite il dictera les N.os 167, et suivans, en les prévenant lorsque ces notes d'agrément se présenteront, afin de ne point les confondre avec les valeurs ordinaires de la notation.

Andante.
Nº. 167.
p
mez f
dol:
mez f
p
Allegretto.
Nº. 168.
p
Andno Cantabile.
Nº. 169.
dol:

Mesure à TROIS DEUX.

Elle se bat à trois tems, et elle contient une Ronde pointée pour la Mesure entière ou trois blanches ou six noires &.

EXERCICE RYTHMIQUE sur la Mesure à TROIS DEUX.

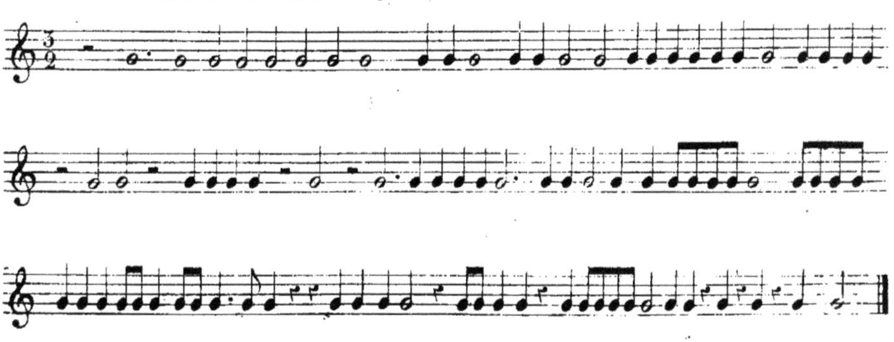

GAMME ET ACCORD PARFAIT
de DO Mineur, *ton relatif* de MI♭ Majeur.

Nº 170.

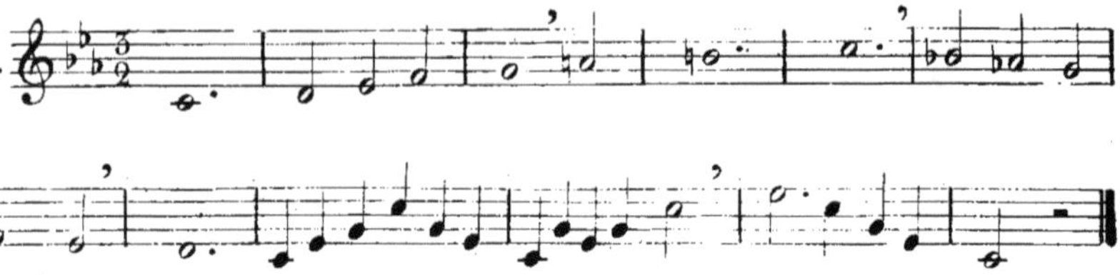

Nº 171.

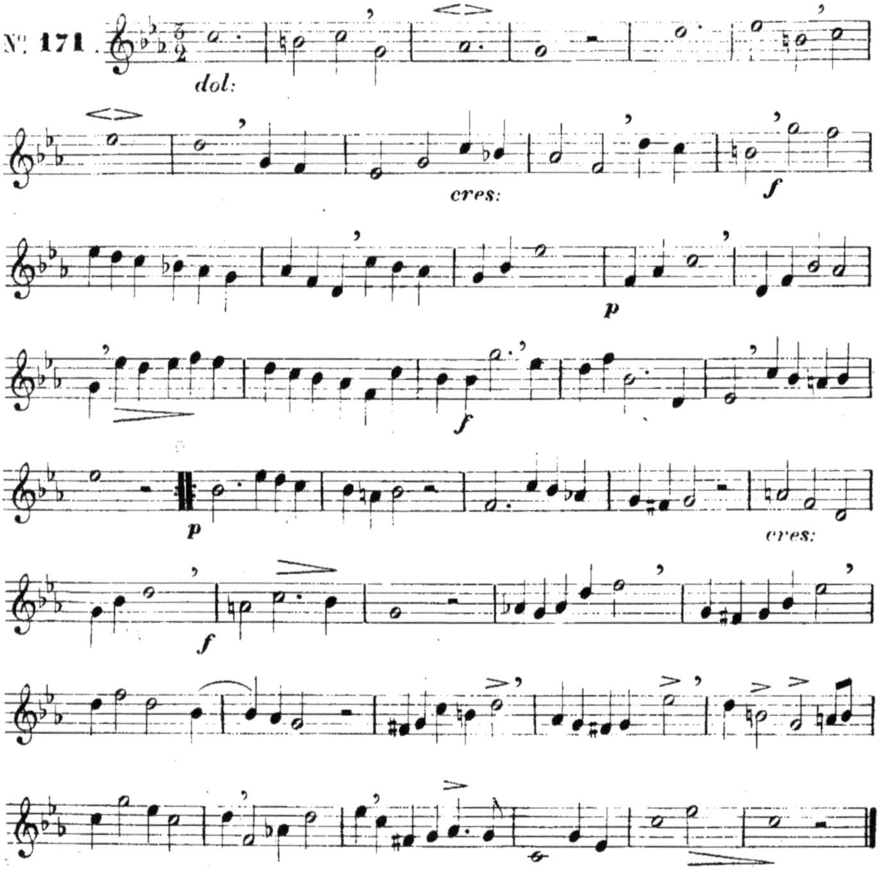
dol:
cres:
f
p
f
p
cres:
f

IMITATIONS DE MÉLODIE, dans la Mesure à TROIS DEUX.

Moderato.

Nº 172.

p

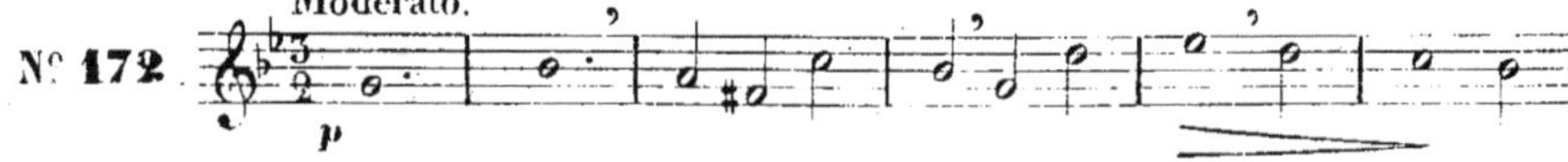

RÉCAPITULATION de la Mesure à TROIS DEUX depuis le N°. 170.

All°. Moderato.

N°. 173.

f
p
f

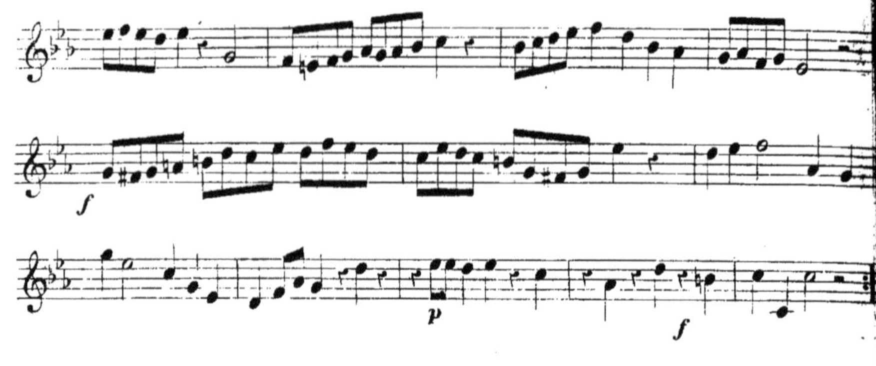

GAMME ET ACCORD PARFAIT du ton de MI Majeur.

N° 174.

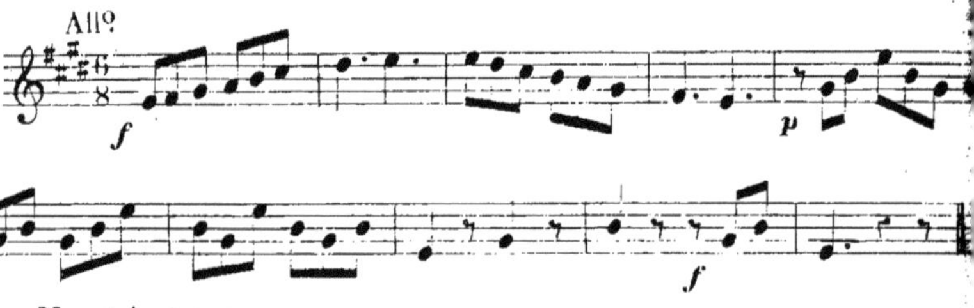
All°
f
p
f

N° 175.

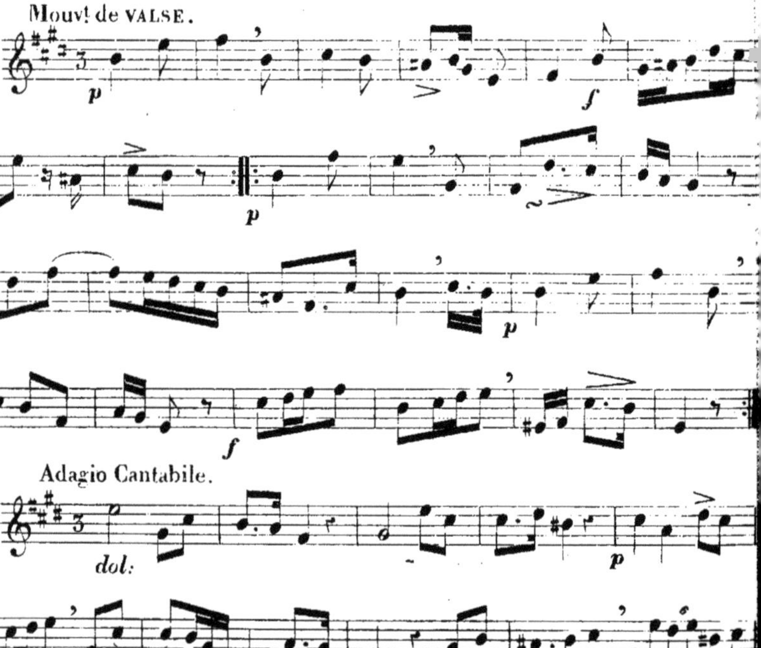
Mouvt de VALSE.
p
f
p
f
p
f

N° 176.

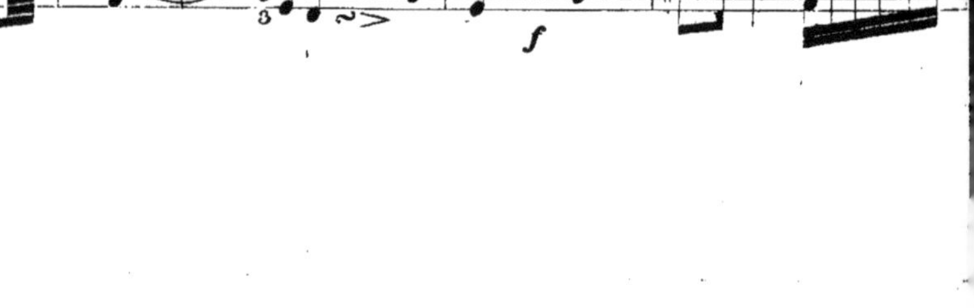
Adagio Cantabile.
dol:
p
f

GAMME ET ACCORD PARFAIT

du ton de DO ♯ Mineur, *ton relatif* de MI Majeur.

Allegro.

Nº 177.

Allegro.
Nº 178.
f
Allº
Nº 179.
dol.
f

GAMME ET ACCORD PARFAIT du ton de LA♭ Majeur.

Allegro.

N°. 180.

Mesure à NEUF HUIT (ou 9 huitièmes de la Ronde,) composée de la Mesure à TROIS TEMS. Elle se bat de même, et chacun de ses tems est exactement semblable à un tems de la Mesure à SIX HUIT.

EXERCICE RYTHMIQUE sur la Mesure à NEUF HUIT.

All? Moderato.

N°. 181.

Allegretto.
Nº 182.
dol:
dol:
Andante Pastorale.
Nº 183.
dol:
p
f
p
f
pp
f
p
dol:

IMITATIONS DE MÉLODIE dans la Mesure à NEUF HUIT

N° 184. Andantino.

f p cres: p f f p

GAMME ET ACCORD PARFAIT
de FA Mineur, *ton relatif* de LA ♭ Majeur.

No. 187.
p
f
dol

MESURE À DOUZE HUIT

C'est une Mesure *composée* de la Mesure à *quatre tems;* elle contient douze huitièmes de la Ronde, c'est à dire douze croches. Ses valeurs sont celles d'une double mesure à SIX HUIT, que cependant on bat à quatre tems.

Allegro.
Nº 189.
p
p
f
cres:
p
p
f
p
f

IMITATIONS DE MÉLODIE dans la Mesure à DOUZE HUIT.

N° 190.

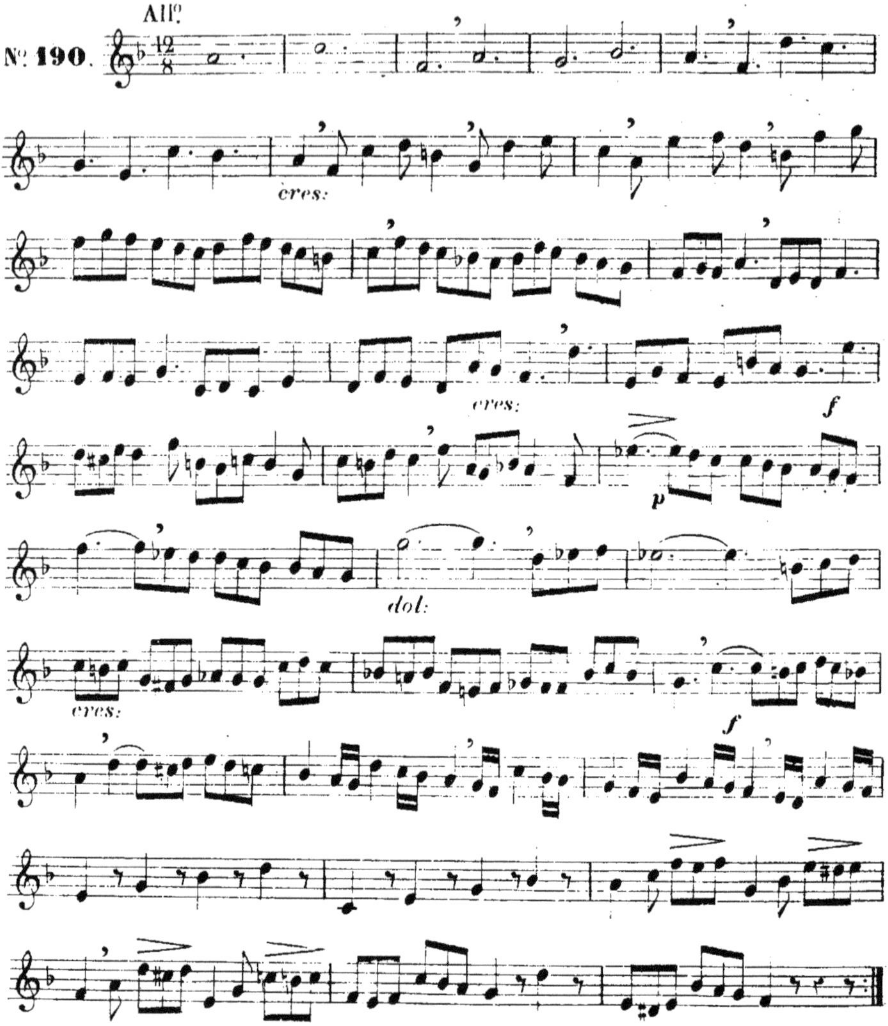
All°
cres:
cres:
f
p
dol:
cres:
f

Clef de FA sur la quatrième ligne. (1)

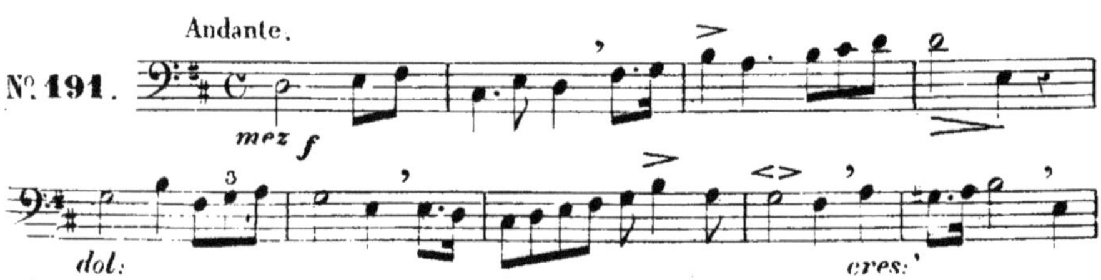

N° 191.

Andante.
mez f
dol:
cres:

(1) Voyez 1re Colonne du *Tableau explicatif* CLÉ de FA 4me *ligne*.

Tempo di Marcia.
Nº 192.

Tempo di Minuetto. All°
N° 193.
f
p
f
p
f
p
f
And^te Cantabile.
N° 194.
dol:
f

Allº. AIR DE CHASSE.
Nº. 195.

Andante.
Nº 196.
Allº Moderato.
Nº 197.

f
Tempo di Marcia.
Nº 198.
f
p
f

Allº Mouvt de CABALETTE.
Nº 199.
p
f
p
f
p
Fin.
p
f
p
f
p
f
p
p
p
D.C.
Allº BARCAROLLE.
Nº 200.
dol:

dol.

mez f

p

decres:

rallent.

a tempo.

p

dol.

f

p

p

f

p

f

www.ingramcontent.com/pod-product-compliance
Ingram Content Group UK Ltd.
Pitfield, Milton Keynes, MK11 3LW, UK
UKHW020932180726
13838UKWH00002B/901